AF175688

Impressum
Verlag: BABADADA GmbH, Nedderfeld 112 , 22529 Hamburg
Geschäftsführer / Verlagsleitung: Harald Hof
Druck: Books on Demand GmbH, In de Tarpen 42, 22848 Norderstedt

Imprint
Publisher: BABADADA GmbH, Nedderfeld 112 , 22529 Hamburg, Germany
Managing Director / Publishing direction: Harald Hof
Print: Books on Demand GmbH, In de Tarpen 42, 22848 Norderstedt, Germany

xue xiao

skola

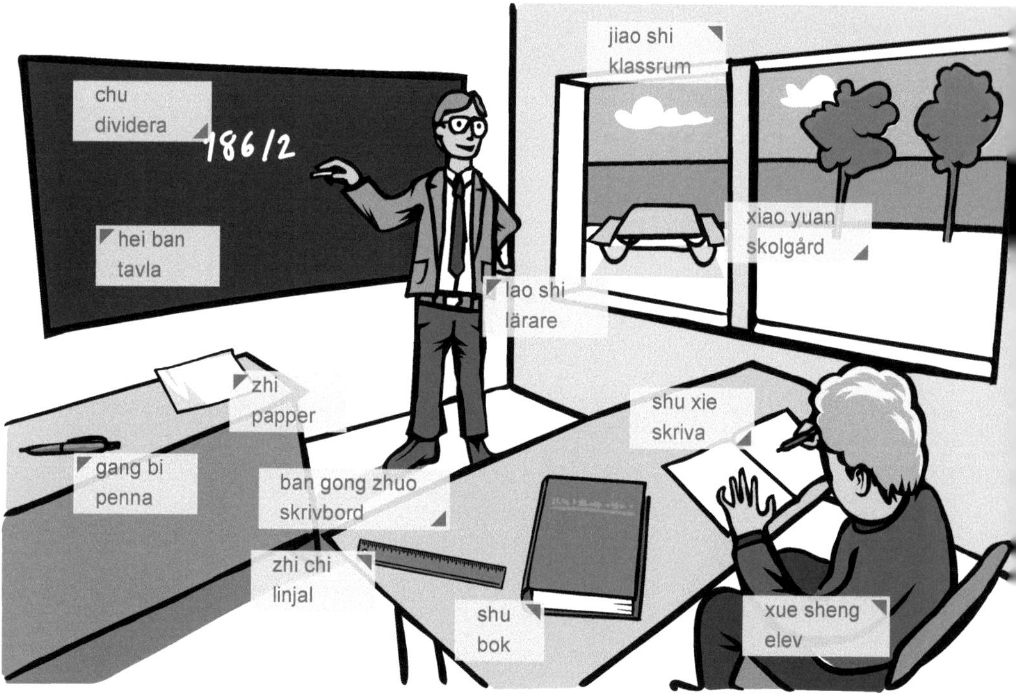

jiao shi
klassrum
chu
dividera
186/2
hei ban
tavla
xiao yuan
skolgård
lao shi
lärare
zhi
papper
shu xie
skriva
gang bi
penna
ban gong zhuo
skrivbord
zhi chi
linjal
shu
bok
xue sheng
elev

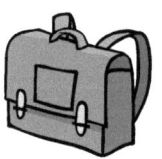

shu bao

skolväska

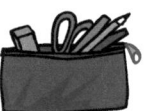

qian bi he

pennfodral

qian bi

blyertspenna

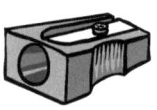

juan bi dao

pennvässare

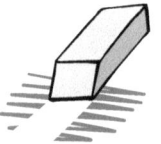

xiang pi ca

suddgummi

hua ban

ritblock

tu hua

teckning

hua bi

pensel

yan liao he

målarlåda

jian dao

sax

jiao shui

lim

lian xi ce

övningsbok

jia ting zuo ye

hemläxa

12

shu zi

tal

2+2

jia

addera

5-2

jian

subtrahera

2×2

cheng

multiplicera

ji suan

räkna

A

zi mu

bokstav

ABCDEFG HIJKLMN OPQRSTU VWXYZ

zi mu biao

alfabet

hello

zi

ord

ke wen

text

du

läsa

fen bi

krita

shang ke

lektion

deng ji

register

kao shi

prov

zheng shu

intyg

xiao fu

skoluniform

jiao yu

utbildning

bai ke quan shu

uppslagsverk

da xue

universitet

xian wei jing

mikroskop

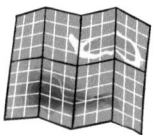

di tu

karta

fei zhi kuang

papperskorg

xue xiao - skola

lü xing
resa

jiu dian
hotell
Grand
qing nian lü xing she
vandrarhem
ROOMS
wai bi dui huan chu
växelkontor
€CHANGE
shou ti xiang
resväska
qi che
bil

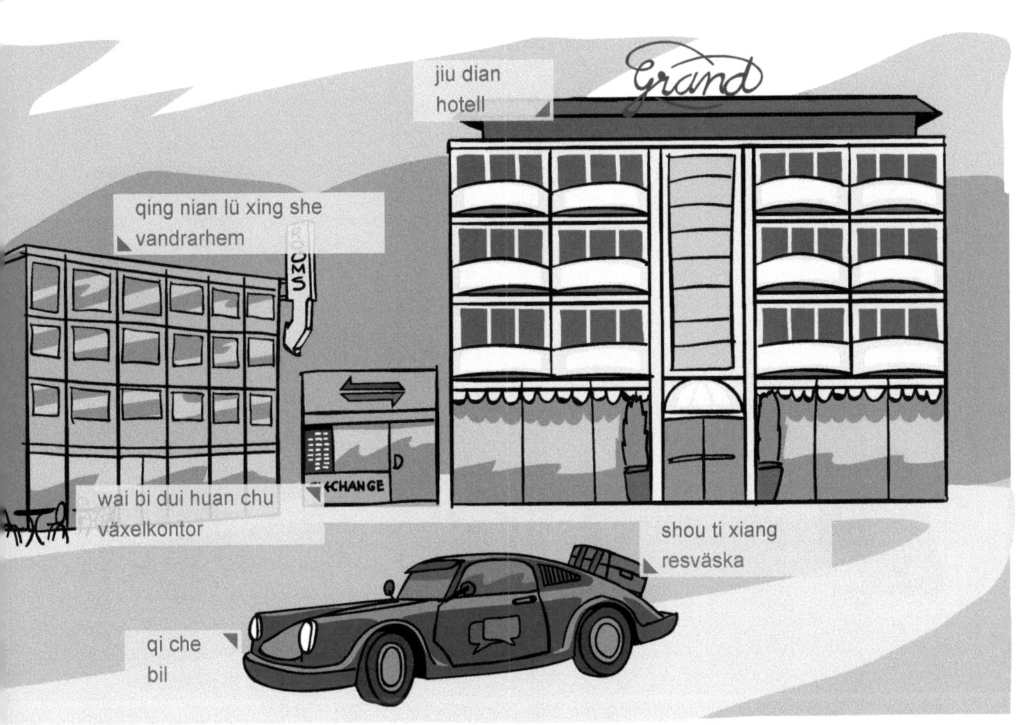

yu yan

språk

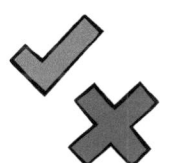

shi/fou

ja / nej

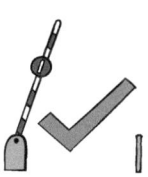

hao de

Okay

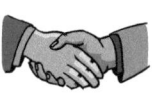

nin hao

hej

fan yi yuan

översättare

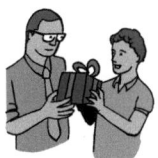

xie xie

Tack

......duo shao qian?

hur mycket kostar...?

wo bu ming bai

jag förstår inte

wen ti

problem

wan shang hao!

God kväll!

zao shang hao!

God morgon!

wan an!

God natt!

zai jian

hejdå

fang xiang

riktning

xing li

bagage

bao

väska

shuang jian bao

ryggsäck

ke ren

gäst

fang jian

rum

shui dai

sovsäck

zhang peng

tält

lü you xin xi

turistinformation

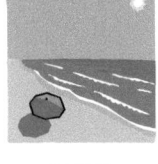

hai tan

strand

xin yong ka

kreditkort

zao can

frukost

wu can

lunch

wan can

middag

piao

biljett

dian ti

hiss

you piao

frimärke

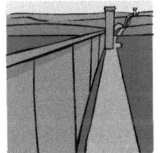

bian jie

gräns

hai guan

tull

da shi guan

ambassad

qian zheng

visum

hu zhao

pass

jiao tong yun shu

transport

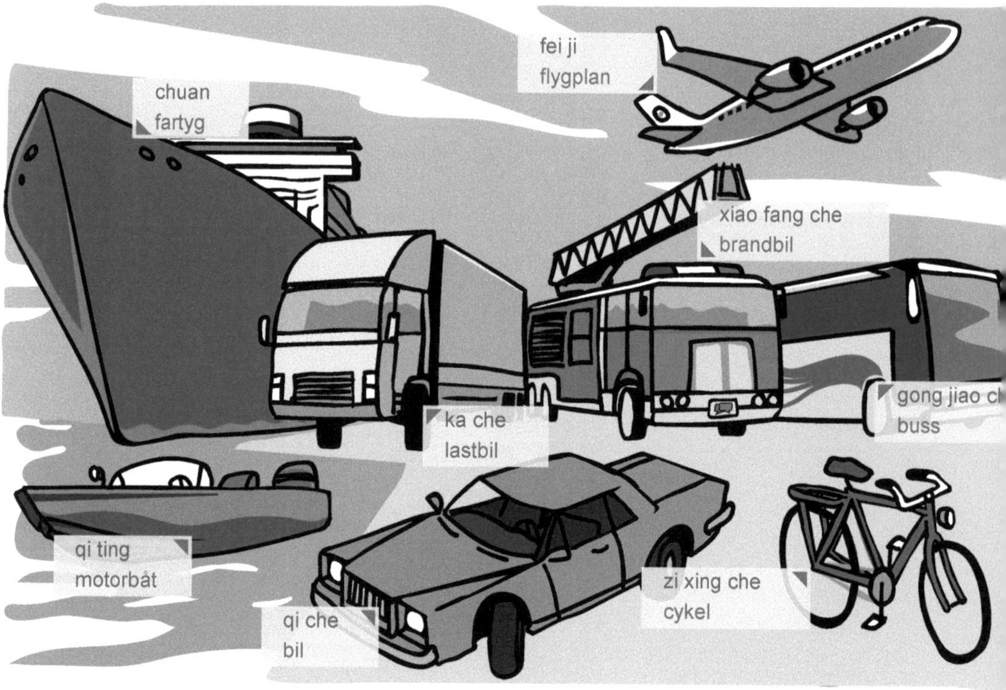
fei ji
flygplan
chuan
fartyg
xiao fang che
brandbil
gong jiao c
buss
ka che
lastbil
qi ting
motorbåt
zi xing che
cykel
qi che
bil

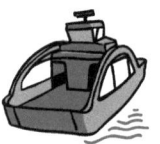

bai du chuan

färja

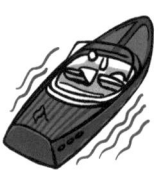

xiao chuan

båt

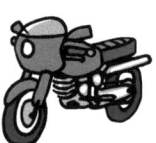

mo tuo che

motorcykel

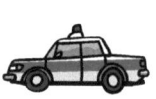

jing che

polisbil

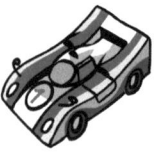

sai che

racerbil

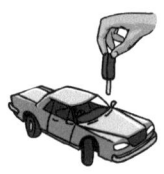

zu che

hyrbil

pin che

bilpool

tuo che

bärgningsbil

la ji che

sopbil

fa dong ji

motor

qi you

bränsle

jia you zhan

bensinstation

jiao tong biao zhi

vägmärke

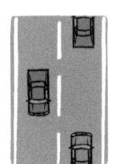

jiao tong

trafik

jiao tong du sai

bilkö

ting che chang

parkeringsplats

huo che zhan

tågstation

gui dao

räls

huo che

tåg

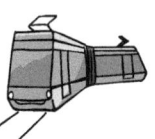

dian che

spårvagn

huo che

vagn

zhi sheng ji

helikopter

ji chang

flygplats

ta

torn

cheng ke

passagerare

ji zhuang xiang

container

zhi ban xiang

kartong

shou tui che

vagn

lan zi

korg

qi fei/jiang luo

starta / landa

cheng shi
stad

cun zhuang

by

shi zhong xin

centrum

fang zi

hus

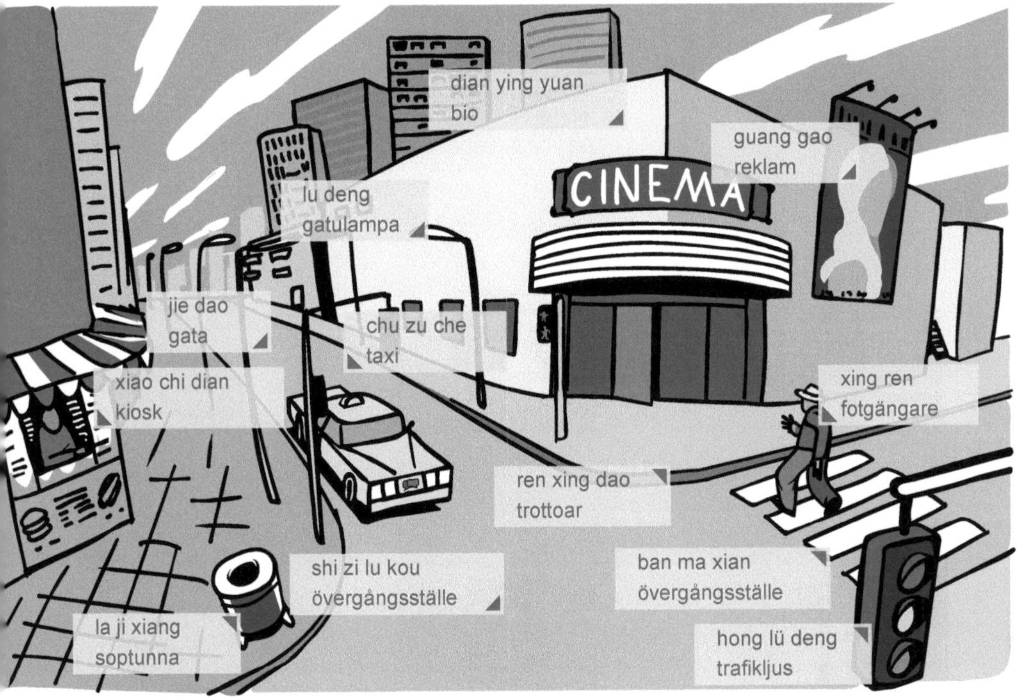
dian ying yuan
bio
CINEMA
guang gao
reklam
lu deng
gatulampa
jie dao
gata
chu zu che
taxi
xiao chi dian
kiosk
xing ren
fotgängare
ren xing dao
trottoar
shi zi lu kou
övergångsställe
ban ma xian
övergångsställe
la ji xiang
soptunna
hong lü deng
trafikljus

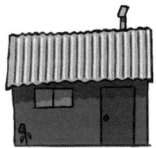

xiao wu

stuga

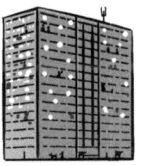

gong yu

lägenhet

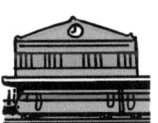

huo che zhan

tågstation

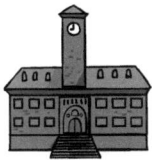

shi zheng ting

stadshus

MUSEUM

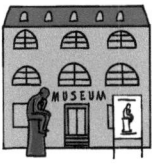

bo wu guan

museum

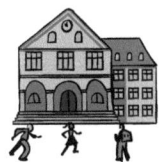

xue xiao

skola

da xue

universitet

yin hang

bank

yi yuan

sjukhus

jiu dian

hotell

yao fang

apotek

ban gong shi

kontor

shu dian

bokhandel

shang dian

affär

hua dian

blomsterbutik

chao shi

stormarknad

shi chang

marknad

bai huo shang dian

varuhus

yu dian

fiskhandlare

gou wu zhong xin

köpcentrum

hai gang

hamn

cheng shi - stad

gong yuan

park

chang deng

bänk

qiao

brygga

lou ti

trappa

di tie

tunnelbana

sui dao

tunnel

gong jiao che zhan

busshållplats

jiu ba

bar

can guan

restaurang

you tong

brevlåda

lu biao

gatuskylt

ting che ji shi qi

parkeringsautomat

dong wu yuan

zoo

you yong guan

simbassäng

qing zhen si

moské

nong chang

bondgård

wu ran

förorening

mu di

kyrkogård

jiao tang

kyrka

cao chang

lekplats

si miao

tempel

di xing
landskap

shu ye
löv

zhi shi pai
vägskylt

lu
väg

cao di
äng

shi tou
sten

tu bu lü xing zhe
liftare

shu
träd

he
flod

cao
gräs

hua
blomma

xia gu
dal

shan
kulle

hu
sjö

sen lin
skog

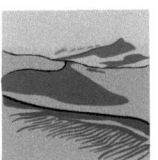

sha mo
öken

huo shan
vulkan

cheng bao
slott

cai hong
regnbåge

mo gu
svamp

zong lü shu
palm

wen zi
mygga

cang ying
fluga

ma yi
myra

mi feng
bi

zhi zhu
spindel

jia chong

skalbagge

qing wa

groda

song shu

ekorre

ci wei

igelkott

ye tu

hare

mao tou ying

uggla

niao

fågel

tian e

svan

ye zhu

vildsvin

lu

rådjur

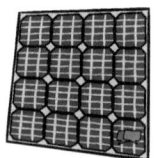

mi lu

älg

shui ba

damm

feng li fa dian ji

vindkraftverk

tai yang neng dian chi ban

solcellspanel

qi hou

klimat

can guan

restaurang

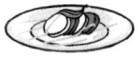

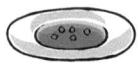

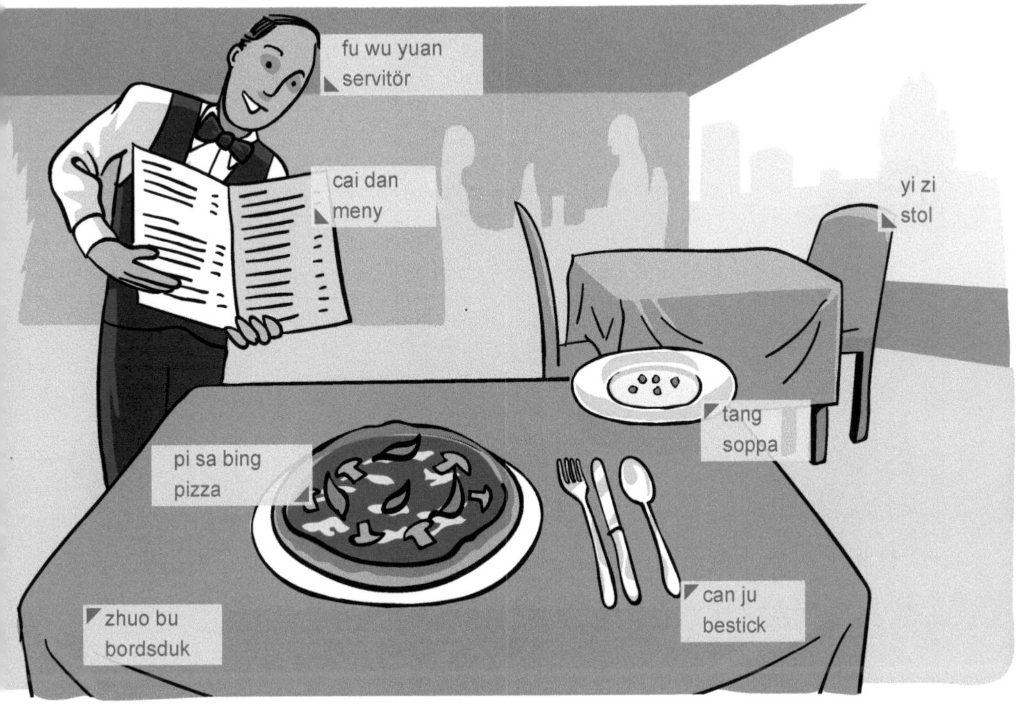
fu wu yuan
servitör
cai dan
meny
yi zi
stol
tang
soppa
pi sa bing
pizza
can ju
bestick
zhuo bu
bordsduk

qian cai

förrätt

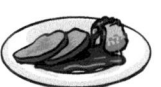

zhu cai

huvudrätt

tian dian

dessert

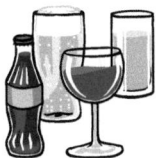

yin liao

drycker

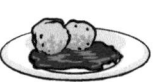

shi wu

mat

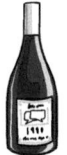

ping zi

flaska

kuai can

snabbmat

jie bian xiao chi

street food

cha hu

tekanna

tang he

sockerskål

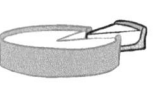

yi fen fan cai

portion

yi shi ka fei ji

espressomaskin

gao jiao yi

barnstol

zhang dan

räkning

tuo pan

bricka

dao

kniv

can cha

gaffel

shao zi

sked

cha chi

tesked

can jin

servett

bo li bei

glas

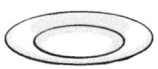

die zi

tallrik

tang pan

sopptallrik

die zi

tefat

jiang

sås

yan ping

saltkar

hu jiao mo

pepparkvarn

cu

vinäger

shi yong you

olja

tiao wei liao

kryddor

fan qie jiang

ketchup

jie mo

senap

dan huang jiang

majonnäs

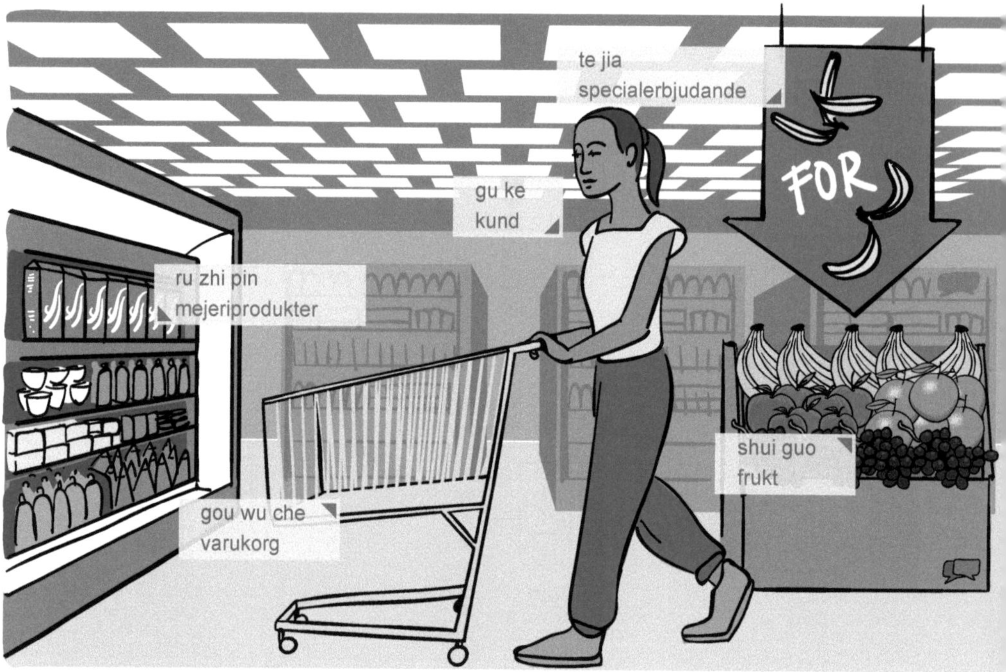

te jia
specialerbjudande
FOR
gu ke
kund
ru zhi pin
mejeriprodukter
shui guo
frukt
gou wu che
varukorg

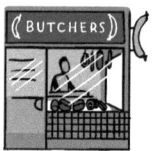

BUTCHERS

rou pu

charkuteri

BAKERY

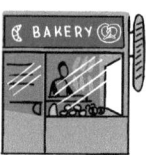

mian bao fang

bageri

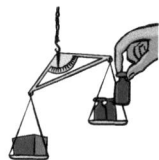

cheng zhong

väga

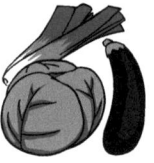

shu cai

grönsaker

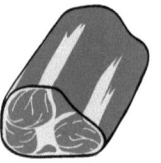

rou

kött

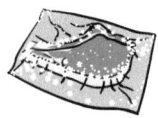

leng dong shi pin

frysta livsmedel

leng pan

pålägg

guan tou shi pin

konserver

xi yi fen

tvättmedel

tian shi

godis

ri yong pin

hushållsprodukter

qing jie yong pin

rengöringsmedel

xiao shou yuan

försäljare

shou yin ji

kassa

shou yin yuan

kassör

gou wu qing dan

inköpslista

kai fang shi jian

öppettider

qian bao

plånbok

xin yong ka

kreditkort

dai zi

väska

su liao dai

plastpåse

shui

vatten

guo zhi

juice

niu nai

mjölk

ke le

cola

hong jiu

vin

pi jiu

öl

jiu

alkohol

ke ke

kakao

cha

te

ka fei

kaffe

yi shi nong suo ka fei

espresso

ka bu qi nuo

cappuccino

xiang jiao

banan

ping guo

äpple

cheng zi

apelsin

xi gua

melon

ning meng

citron

hu luo bo

morot

da suan

vitlök

zhu zi

bambu

yang cong

lök

mo gu

svamp

jian guo

nötter

mian tiao

nudlar

yi da li mian tiao

spaghetti

mi fan

ris

sha la

sallad

shu tiao

pommes frites

zha tu dou

stekt potatis

pi sa bing

pizza

han bao bao

hamburgare

san ming zhi

smörgås

zha zhu pai

schnitzel

huo tui

skinka

sa la mi

salami

xiang chang

korv

ji rou

kyckling

kao rou

stek

yu

fisk

yan mai pian

havregryn

mu zi li

müsli

yu mi pian

cornflakes

mian fen

mjöl

yang jiao mian bao

croissant

mian bao juan

fralla

mian bao

bröd

kao mian bao

rostat bröd

bing gan

kex

huang you

smör

ning ru

kvarg

dan gao

kaka

dan

ägg

jian dan

stekt ägg

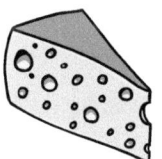

nai lao

ost

bing ji lin

glass

tang

socker

feng mi

honung

guo jiang

sylt

qiao ke li jiang

nougatkräm

ga li fan

curry

shi wu - mat

nong chang
bondgård

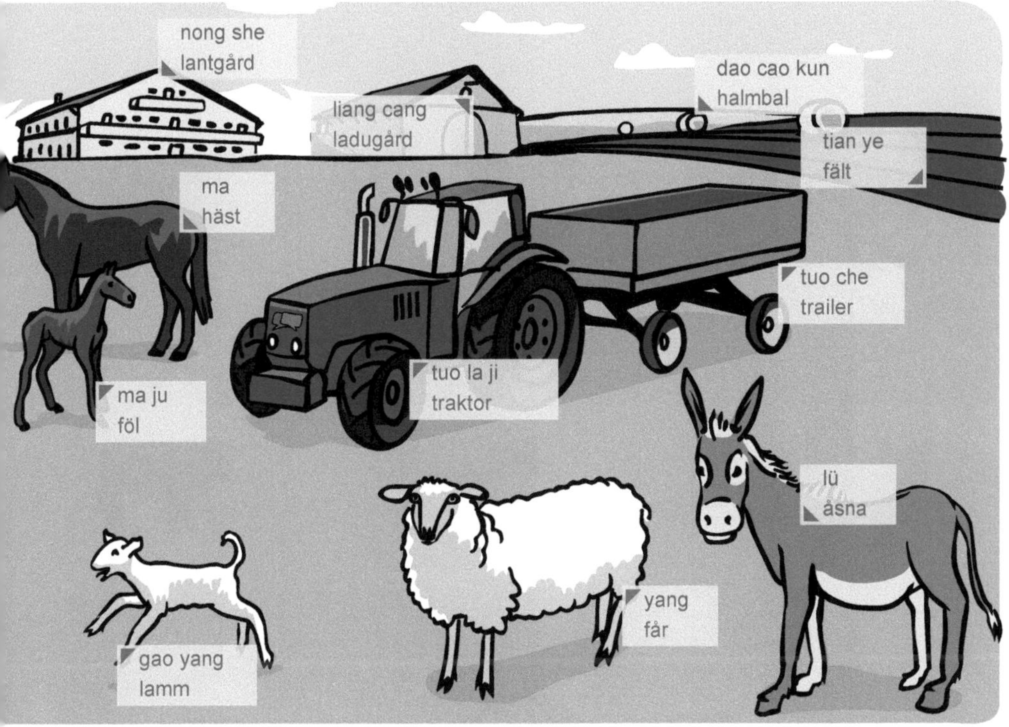

nong she
lantgård
liang cang
ladugård
dao cao kun
halmbal
tian ye
fält
ma
häst
tuo che
trailer
ma ju
föl
tuo la ji
traktor
lü
åsna
yang
får
gao yang
lamm

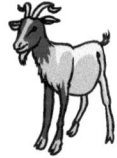

shan yang

get

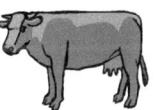

nai niu

ko

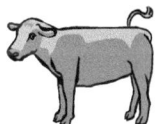

niu du

kalv

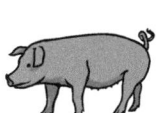

zhu

gris

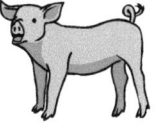

xiao zhu

griskulting

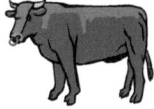

gong niu

tjur

e

gås

ya

anka

xiao ji

kyckling

mu ji

höna

gong ji

tupp

shu

råtta

mao

katt

lao shu

mus

niu

oxe

gou

hund

gou wu

hundkoja

hua yuan jiao shui ruan guan

trädgårdsslang

sa shui hu

vattenkanna

chang bing da lian dao

lie

li

plog

lian dao

skära

chu tou

hacka

chang bing cao pa

högaffel

fu tou

yxa

du lun shou tui che

skottkärra

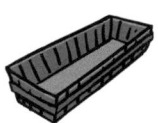

si liao cao

tråg

niu nai guan

mjölkflaska

ma bu dai

säck

zha lan

staket

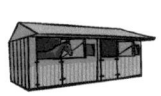

ma jiu

stall

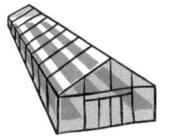

wen shi

växthus

tu rang

jord

zhong zi

säd

fei liao

gödsel

lian he shou ge ji

skördetröska

shou ge

skörda

shou ge

skörd

shan yao

jams

xiao mai

vete

da dou

soja

tu dou

potatis

yu mi

majs

you cai zi

raps

guo shu

fruktträd

shu shu

maniok

gu wu

spannmål

fang zi
hus

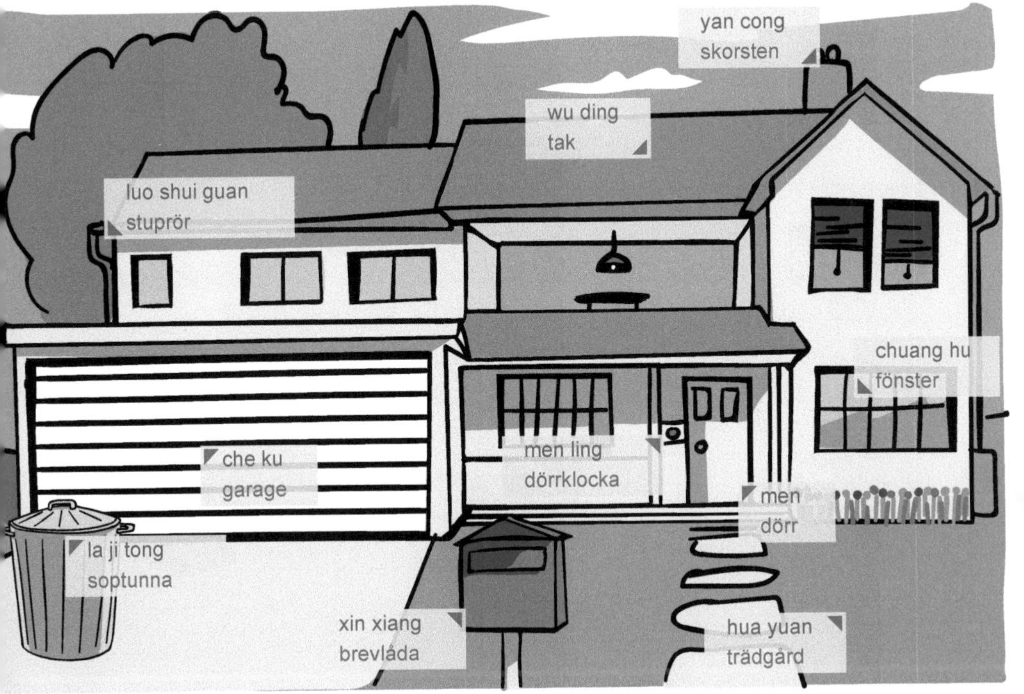
yan cong
skorsten
wu ding
tak
luo shui guan
stuprör
chuang hu
fönster
che ku
garage
men ling
dörrklocka
men
dörr
la ji tong
soptunna
xin xiang
brevlåda
hua yuan
trädgård

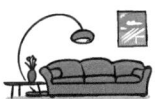

ke ting

vardagsrum

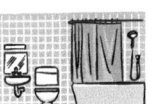

yu shi

badrum

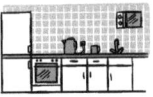

chu fang

kök

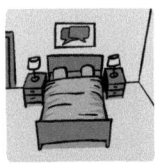

wo shi

sovrum

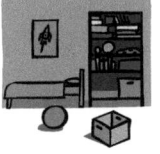

er tong fang

barnrum

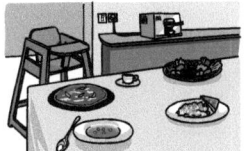

can ting

matsal

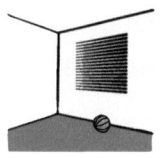

di ban

golv

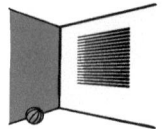

qiang bi

vägg

diao ding

tak

di jiao

källare

sang na

bastu

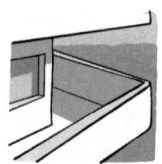

yang tai

balkong

lu tai

terrass

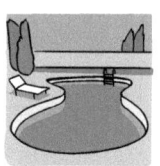

you yong chi

bassäng

ge cao ji

gräsklippare

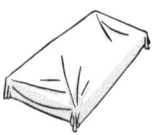

bei dan

lakan

chuang zhao

överkast

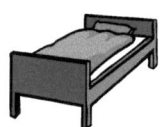

chuang

säng

sao zhou

kvast

shui tong

hink

kai guan

strömbrytare

ke ting

vardagsrum

bi zhi
tapet
zhao pian
bild
tai deng
lampa
ge jia
hylla
chu gui
skåp
dian shi ji
TV
bi lu
eldstad
hua
blomma
dian zi
kudde
sha fa
soffa
hua ping
vas
yao kong qi
fjärrkontroll

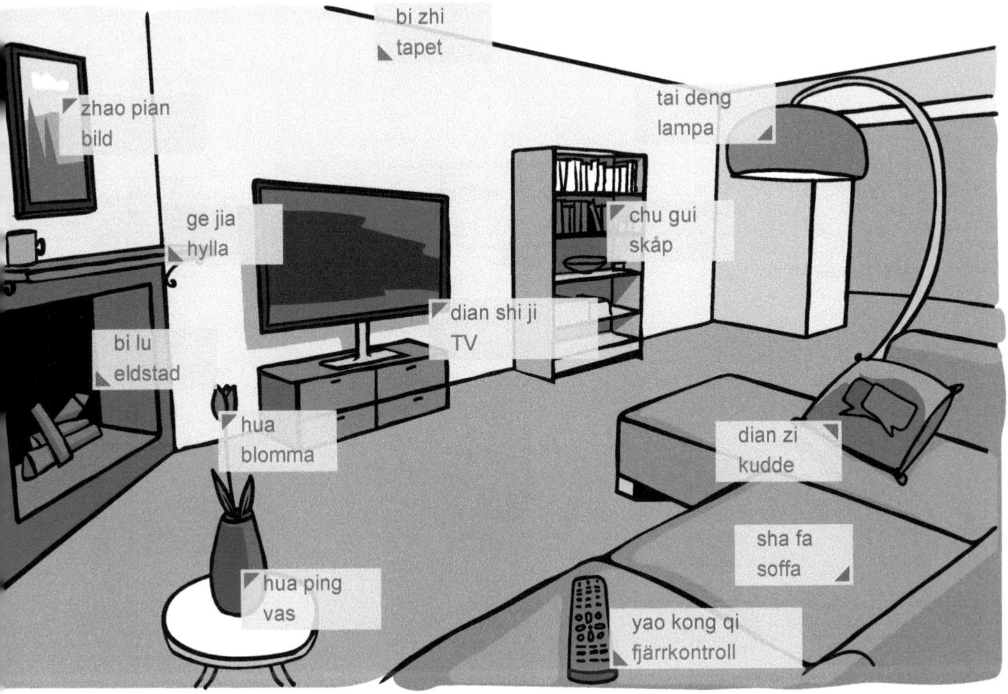

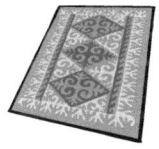

di tan

matta

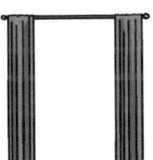

chuang lian

gardin

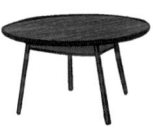

can zhuo

bord

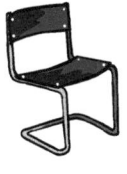

yi zi

stol

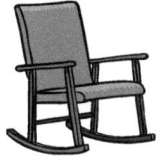

yao yi

gungstol

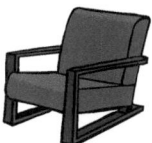

fu shou yi

fåtölj

shu

bok

tan zi

filt

zhuang shi pin

dekoration

mu chai

vedträ

dian ying

film

gao bao zhen yin xiang

stereoanläggning

yao shi

nyckel

bao zhi

dagstidning

you hua

målning

hai bao

poster

shou yin ji

radio

bi ji ben

anteckningsbok

xi chen qi

dammsugare

xian ren zhang

kaktus

la zhu

stearinljus

chu fang
kök

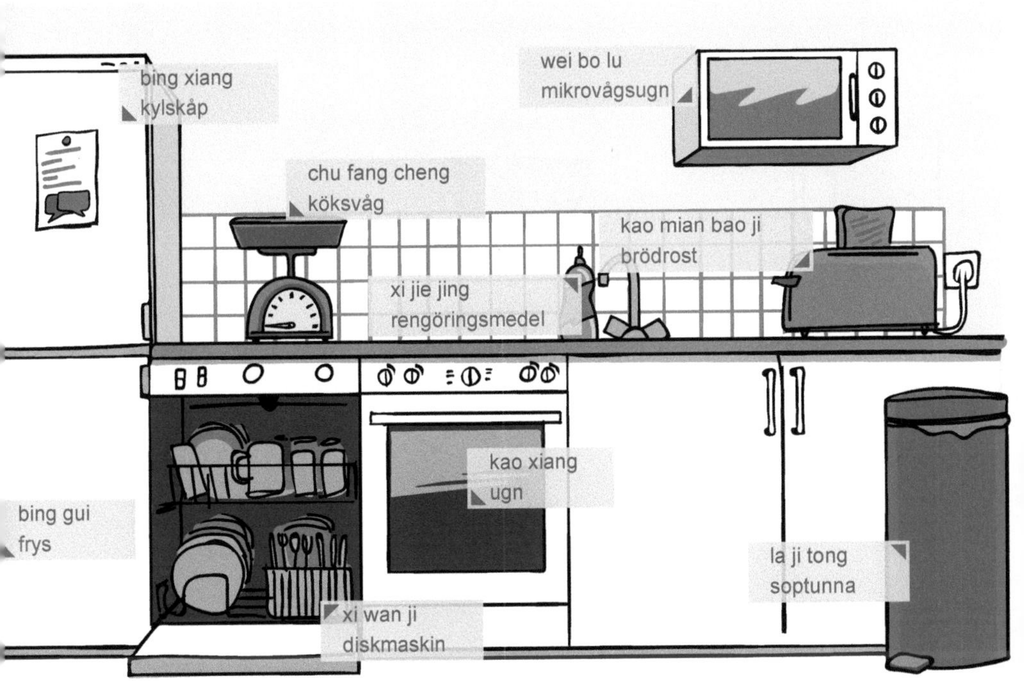

bing xiang
kylskåp
wei bo lu
mikrovågsugn
chu fang cheng
köksvåg
kao mian bao ji
brödrost
xi jie jing
rengöringsmedel
kao xiang
ugn
bing gui
frys
la ji tong
soptunna
xi wan ji
diskmaskin

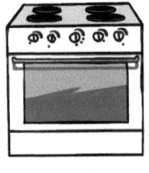

chui ju

spis

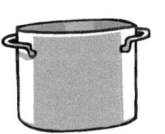

guo

kastrull

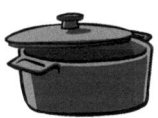

zhu tie guo

järngryta

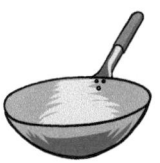

sha guo

wok / kadai

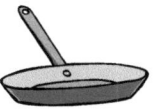

ping di guo

stekpanna

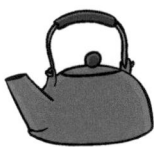

shui hu

vattenkokare

zheng guo

ångkokare

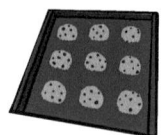

kao pan

bakplåt

tao ci guo

porslin

ma ke bei

mugg

wan

skål

kuai zi

ätpinnar

chang bing shao

soppslev

chan zi

stekspade

jiao ban qi

visp

lü wang

durkslag

shai zi

sil

mo sui ji

rivjärn

yan bo

mortel

shao kao

grill

ming huo

brasa

cai ban

skärbräda

gan mian zhang

kavel

kai ping qi

korkskruv

guan zi

burk

kai ping qi

burköppnare

ge re shou tao

grytlapp

shui cao

vask

shua zi

borste

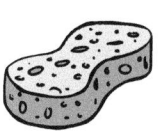

hai mian

svamp

jiao ban ji

mixer

leng cang xiang

frys

nai ping

nappflaska

shui long tou

kran

chu fang - kök

yu shi
badrum

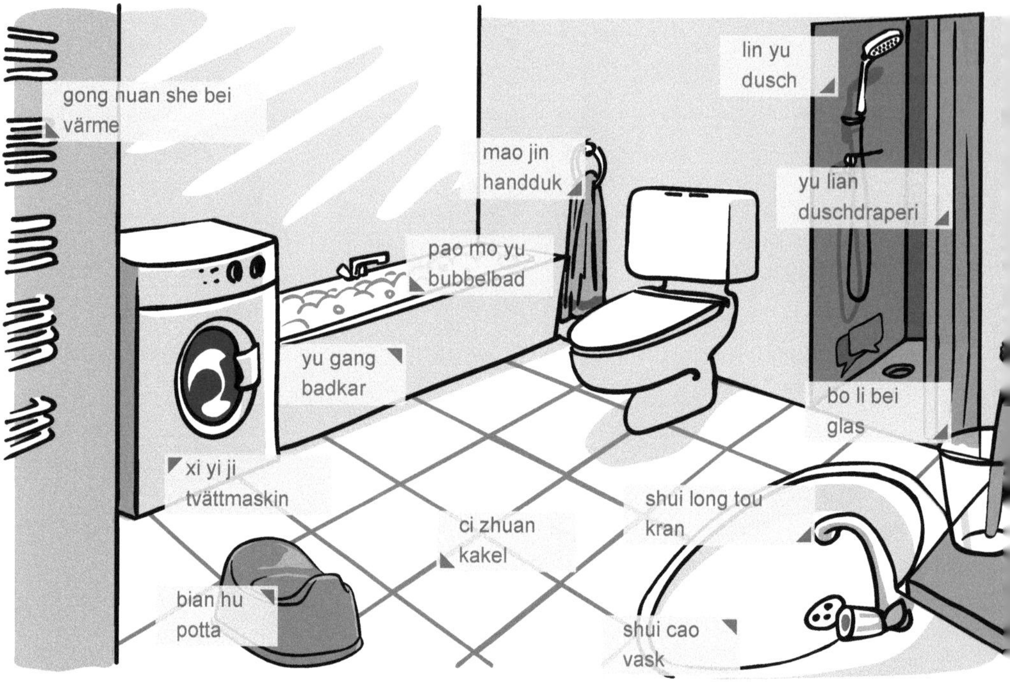
lin yu
dusch
gong nuan she bei
värme
mao jin
handduk
yu lian
duschdraperi
pao mo yu
bubbelbad
yu gang
badkar
bo li bei
glas
xi yi ji
tvättmaskin
shui long tou
kran
ci zhuan
kakel
bian hu
potta
shui cao
vask

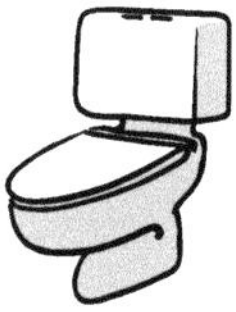

ce suo
toalett

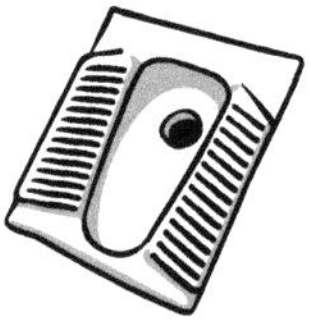

dun bian qi
låg toalett

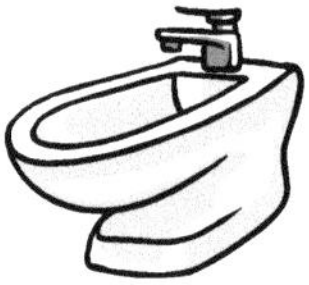

zuo yu qi
bidet

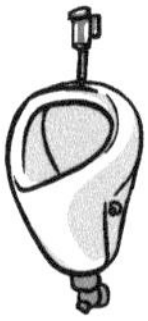

xiao bian chi
pissoar

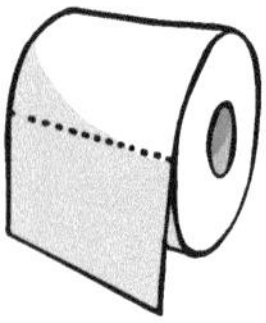

ce zhi
toalettpapper

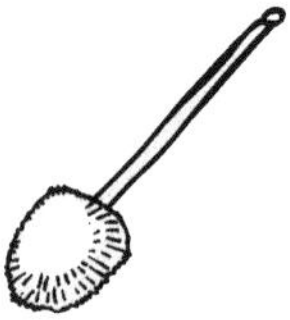

ma tong shua
toalettborste

ya shua

tandborste

ya gao

tandkräm

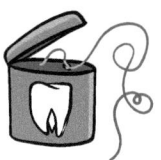

ya xian

tandtråd

xi

tvätta

shou chi shi pen lin tou

handdusch

chong xi qi

intimdusch

xi lian pen

handfat

ca bei shua

ryggborste

fei zao

tvål

mu yu lu

duschgel

xi fa shui

schampo

fa lan rong

trasa

pai shui

avlopp

ru shuang

crème

chu chou ji

deodorant

jing zi

spegel

shou jing

handspegel

ti xu dao

rakhyvel

ti xu pao mo

raklödder

xu hou shui

rakvatten

shu zi

kam

shua zi

borste

chui feng ji

hårtork

pen fa ding xing ji

hårspray

hua zhuang pin

smink

chun gao

läppstift

zhi jia you

nagellack

hua zhuang mian

bomullsvadd

zhi jia jian

nagelsax

xiang shui

parfym

xi shu bao

necessär

deng zi

pall

ji zhong cheng

våg

yu pao

badrock

xiang jiao shou tao

gummihandskar

wei sheng mian tiao

tampong

wei sheng jin

binda

hua xue ce suo

kemisk toalett

er tong fang
barnrum

nao zhong
väckarklocka
mao rong wan ju
gosedjur
wan ju che
leksaksbil
bo lang gu
skallra
wan ju wu
dockhus
li wu
present

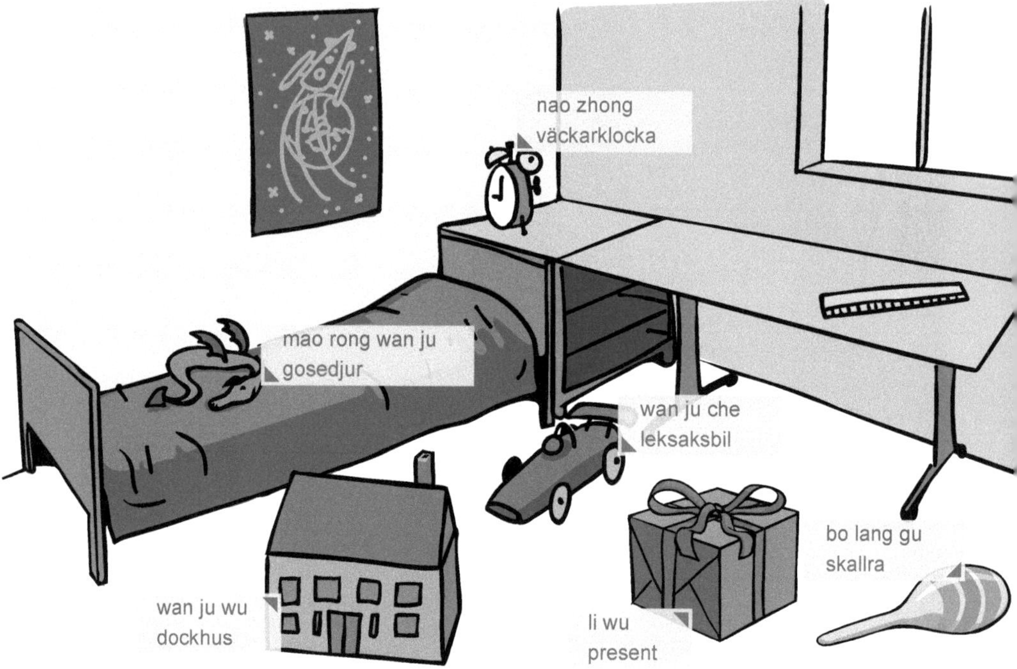

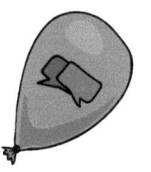

qi qiu

ballong

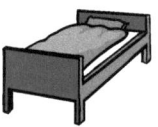

chuang

säng

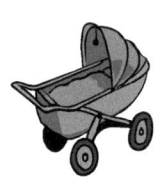

(yang wa wa yong)ying er che

barnvagn

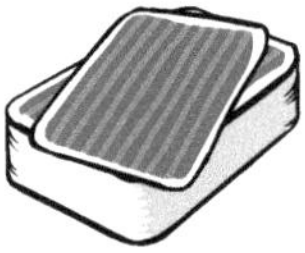

pu ke pai

kortlek

pin tu

pussel

SUPER
MEGA

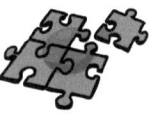

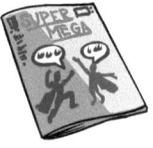

man hua

serietidning

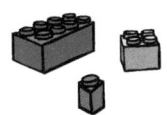

le gao ji mu

legobitar

ji mu wan ju

klossar

wan ju ren

actionfigur

ying er fu

sparkdräkt

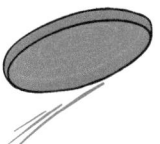

fei pan

frisbee

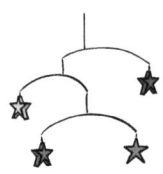

chuang ling wan ju

mobil

qi pan you xi

brädspel

shai zi

tärning

huo che mo xing

modelljärnväg

an fu nai zui

napp

ju hui

party

hui ben

bilderbok

qiu

boll

yang wa wa

docka

wan

spela

sha keng

sandlåda

qiu qian

gunga

wan ju

leksaker

you xi ji

spelkonsol

san lun che

trehjuling

tai di xiong

nalle

yi chu

garderob

yi fu

kläder

wa zi

sockar

chang wa

strumpor

jin shen ku

tights

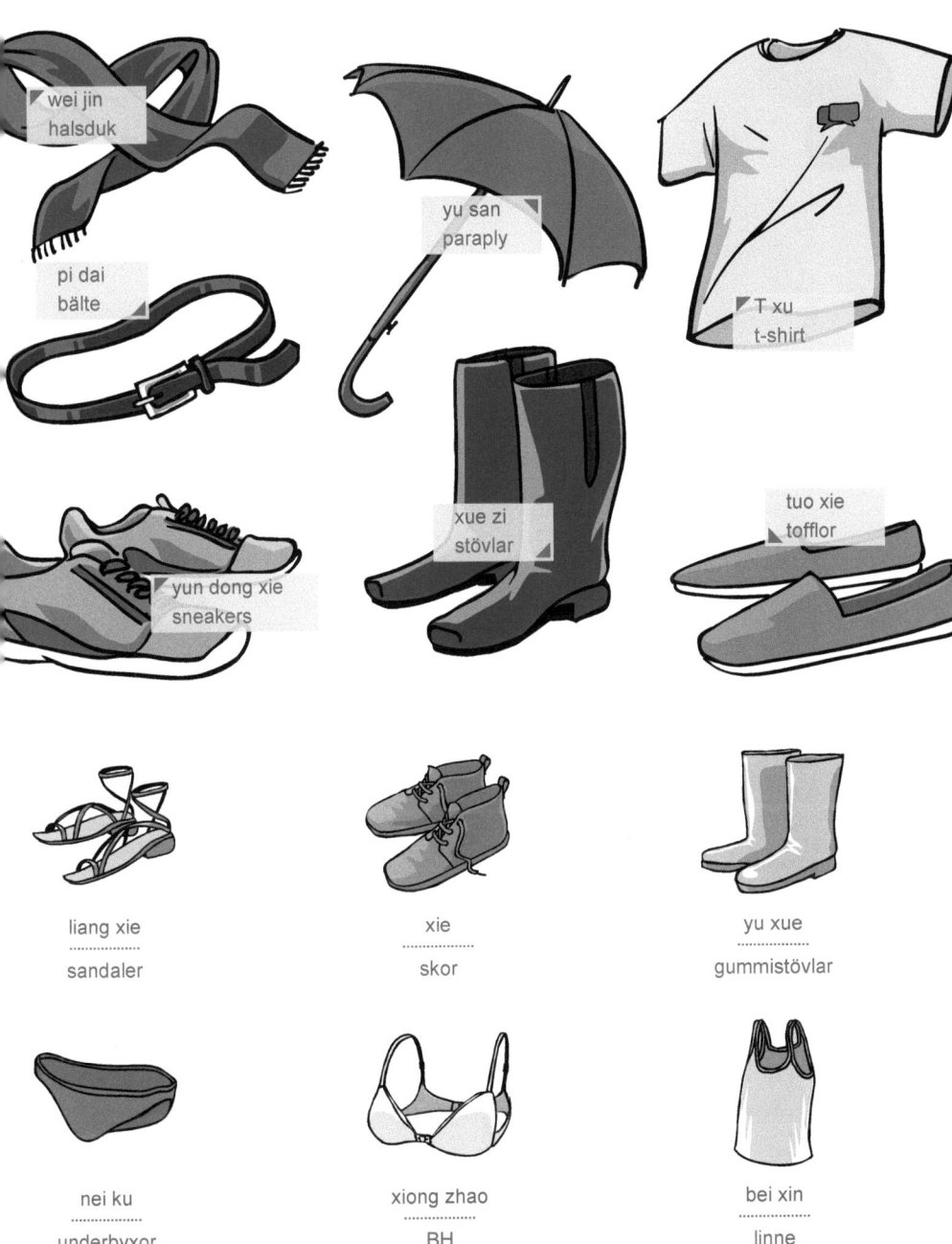

wei jin
halsduk

yu san
paraply

T xu
t-shirt

pi dai
bälte

xue zi
stövlar

tuo xie
tofflor

yun dong xie
sneakers

liang xie
....
sandaler

xie
....
skor

yu xue
....
gummistövlar

nei ku
....
underbyxor

xiong zhao
....
BH

bei xin
....
linne

yi fu - kläder

shen ti

body

ku zi

byxor

niu zai ku

jeans

duan qun

kjol

nü shi chen shan

blus

chen shan

skjorta

tao tou shan

pullover

wei yi

sweater

xi zhuang jia ke

blazer

jia ke

jacka

wai tao

kappa

yu yi

regnjacka

tao zhuang

dräkt

lian yi qun

klänning

hun sha

bröllopsklänning

xi zhuang
kostym

shui pao
nattlinne

shui yi
pyjamas

sha li
sari

tou jin
slöja

bao tou jin
turban

bo ka
burka

ka fu tan
kaftan

(a la bo shi)chang pao
abaya

yong yi
baddräkt

nan shi yong ku
badbyxor

duan ku
shorts

yun dong fu
träningsoverall

wei qun
förkläde

shou tao
handskar

yi fu - kläder

niu kou

knapp

yan jing

glasögon

shou lian

armband

xiang lian

halsband

jie zhi

ring

er huan

örhänge

bian mao

mössa

yi jia

galge

mao zi

hatt

ling dai

slips

la lian

dragkedja

tou kui

hjälm

bei dai

hängslen

xiao fu

skoluniform

zhi fu

uniform

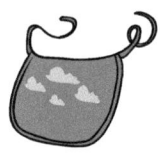

wei dou

haklapp

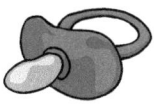

an fu nai zui

napp

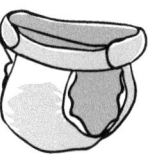

niao bu shi

blöja

ban gong shi
kontor

fu wu qi
server
wen jian gui
dokumentskåp
zhi
papper
da yin ji
skrivare
xian shi ping
bildskärm
shu biao
mus
ban gong zhuo
skrivbord
wen jian jia
mapp
jian pan
tangentbord
fei zhi kuang
papperskorg
dian nao
dator
yi zi
stol

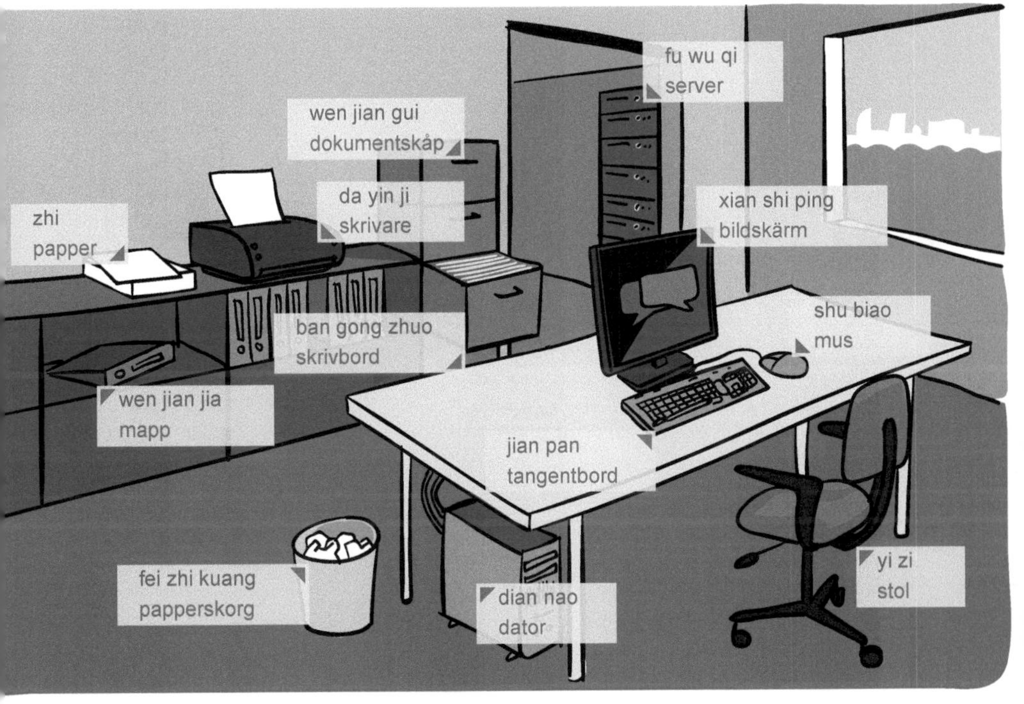

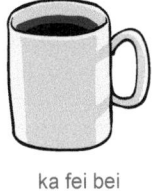

ka fei bei

kaffemugg

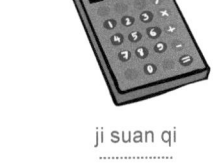

ji suan qi

miniräknare

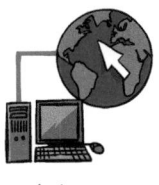

yin te wang

internet

bi ji ben dian nao

bärbar dator

xin jian

brev

xiao xi

meddelande

shou ji

mobiltelefon

wang luo

nätverk

fu yin ji

kopieringsapparat

ruan jian

programvara

dian hua

telefon

cha zuo

vägguttag

chuan zhen ji

fax

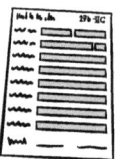

biao ge

blankett

wen jian

dokument

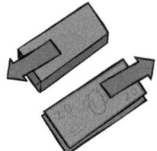

mai

köpa

fu qian

betala

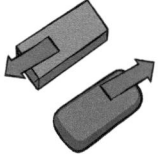

jiao yi

handla

xian jin

pengar

mei yuan

dollar

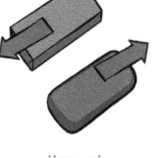

ou yuan

euro

ri yuan

yen

lu bu

rubel

rui shi fa lang

schweizisk franc

ren min bi

renminbi yan

lu bi

rupie

ti kuan chu

bankomat

wai bi dui huan chu

växelkontor

jin

guld

yin

silver

shi you

olja

neng yuan

energi

jia ge

pris

he tong

kontrakt

shui jin

skatt

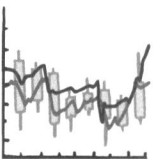

gu piao

aktie

gong zuo

arbeta

zhi yuan

anställd

lao ban

arbetsgivare

gong chang

fabrik

shang dian

affär

zhi ye
yrken

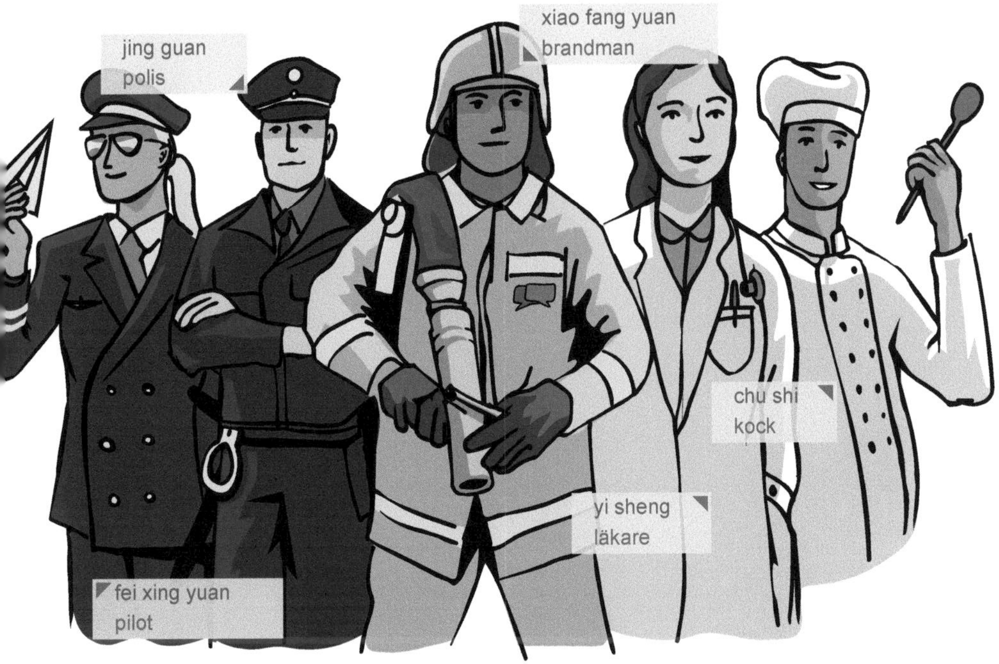
jing guan
polis
xiao fang yuan
brandman
chu shi
kock
yi sheng
läkare
fei xing yuan
pilot

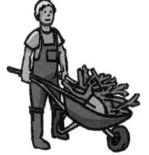

yuan ding

trädgårdsmästare

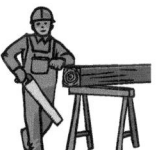

mu jiang

snickare

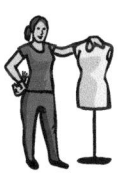

cai feng

sömmerska

fa guan

domare

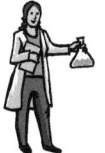

hua xue jia

kemist

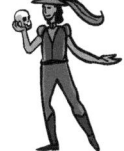

yan yuan

skådespelare

gong jiao che si ji

busschaufför

chu zu che si ji

taxichaufför

yu fu

fiskare

qing jie nü gong

städerska

wu ding gong

takläggare

fu wu yuan

servitör

lie ren

jägare

hua jia

målare

mian bao shi

bagare

dian gong

elektriker

jian zhu gong ren

byggarbetare

gong cheng shi

ingenjör

tu fu

slaktare

shui guan gong

rörmokare

you di yuan

brevbärare

shi bing

soldat

jian zhu shi

arkitekt

shou yin yuan

kassör

hua nong

florist

li fa shi

frisör

shou piao yuan

konduktör

ji xie shi

mekaniker

chuan zhang

kapten

ya yi

tandläkare

ke xue jia

vetenskapsman

la bi

rabbin

yi ma mu

imam

he shang

munk

mu shi

präst

gong ju
verktyg

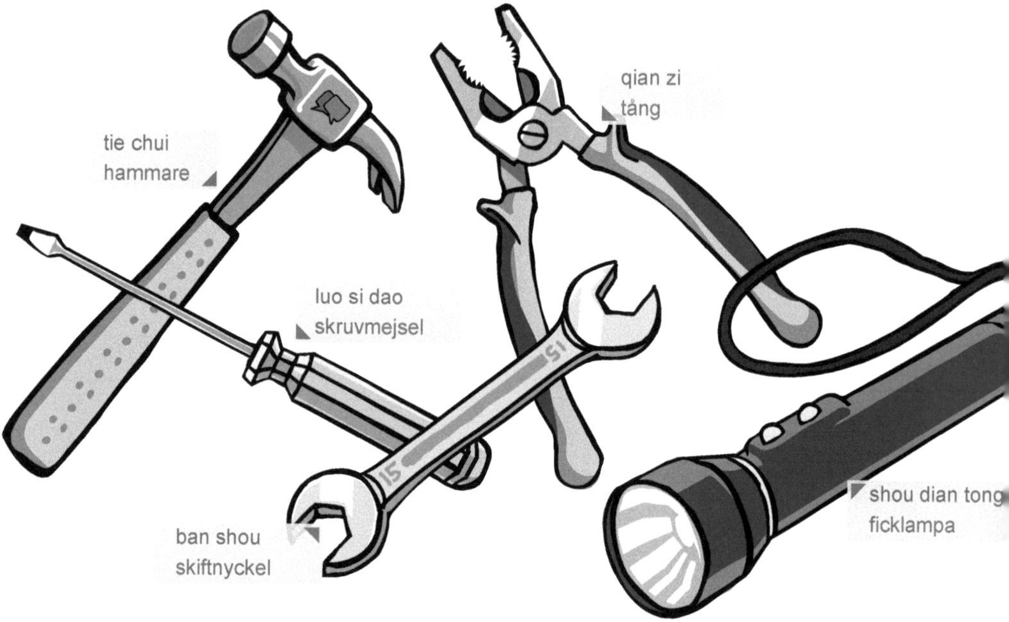
tie chui
hammare
qian zi
tång
luo si dao
skruvmejsel
ban shou
skiftnyckel
shou dian tong
ficklampa

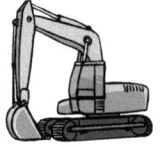

wa jue ji

grävmaskin

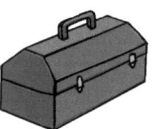

gong ju xiang

verktygslåda

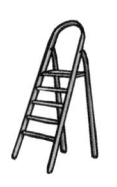

ti zi

stege

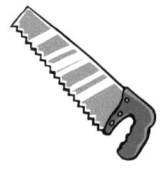

ju zi

såg

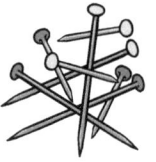

ding zi

spik

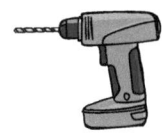

zuan ji

borr

xiu
....
reparera

chan zi
....
spade

kao!
....
Helvete!

bo ji
....
sopskyffel

you qi tong
....
färgburk

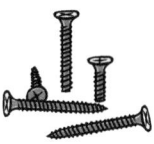

luo si
....
skruvar

yue qi
musikinstrument

yang sheng qi
högtalare

da ji yue qi
trummor

ji ta
gitarr

di yin ti qin
kontrabas

xiao hao
trumpet

gang qin

piano

xiao ti qin

violin

bei si

bas

ding yin gu

timpani

gu

trumma

dian zi qin

keyboard

sa ke si guan

saxofon

chang di

flöjt

mai ke feng

mikrofon

yue qi - **musikinstrument**

dong wu yuan

zoo

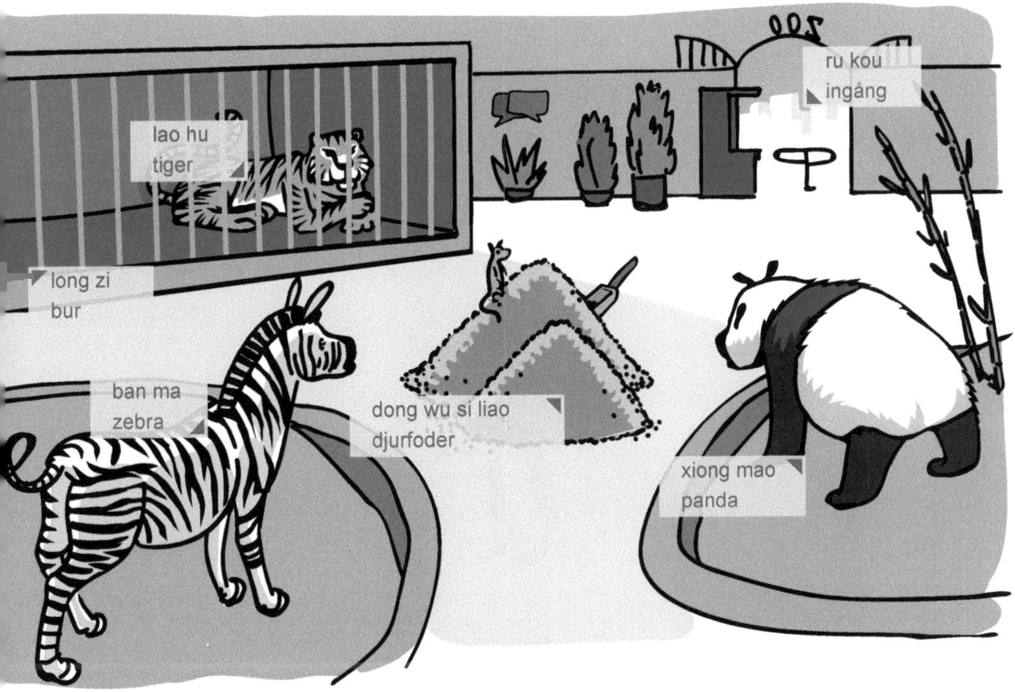
ru kou
ingång
lao hu
tiger
long zi
bur
ban ma
zebra
dong wu si liao
djurfoder
xiong mao
panda

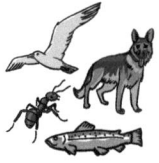

dong wu

djur

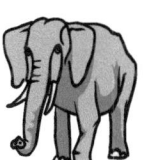

da xiang

elefant

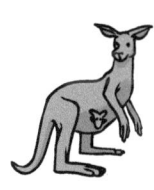

dai shu

känguru

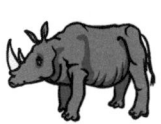

xi niu

noshörning

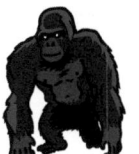

da xing xing

gorilla

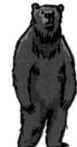

xiong

björn

luo tuo

kamel

tuo niao

struts

shi zi

lejon

hou zi

apa

huo lie niao

flamingo

ying wu

papegoja

bei ji xiong

isbjörn

qi e

pingvin

sha yu

haj

kong que

påfågel

she

orm

e yu

krokodil

dong wu yuan guan li yuan

djurskötare

hai bao

säl

mei zhou bao

jaguar

dong wu yuan - zoo

ai zhong ma

ponny

bao

leopard

he ma

flodhäst

chang jing lu

giraff

lao ying

örn

ye zhu

vildsvin

yu

fisk

gui

sköldpadda

hai xiang

valross

hu li

räv

ling yang

gazell

gan lan qiu
amerikansk fotboll

qi zi xing che
cykling

wang qiu
tennis

lan qiu
basket

you yong
simning

bing qiu
ishockey

quan ji
boxning

ying shi zu qiu

fotboll

yu mao qiu

badminton

tian jing

friidrott

shou qiu

handboll

hua xue

skidåkning

ma qiu

polo

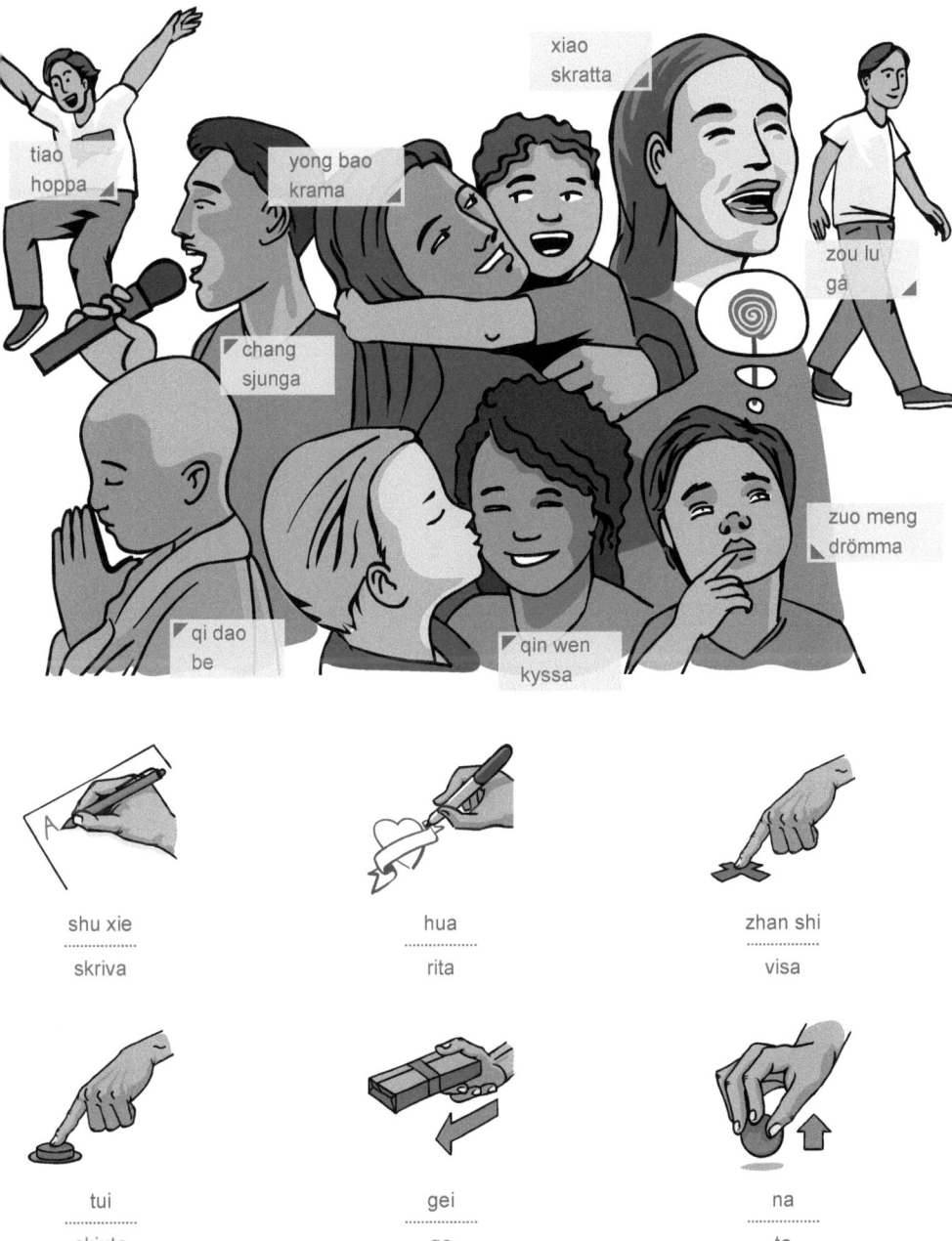

tiao
hoppa

xiao
skratta

yong bao
krama

zou lu
gå

chang
sjunga

zuo meng
drömma

qi dao
be

qin wen
kyssa

shu xie
skriva

hua
rita

zhan shi
visa

tui
skjuta

gei
ge

na
ta

you
hagel

zuo
göra

dang
vara

zhan
stå

pao
springa

la
dra

reng
kasta

shuai dao
falla

tang
ligga

deng dai
vänta

xie dai
bära

zuo
sitta

chuan yi
klä på

shui jiao
sova

xing lai
vakna

kan

se på

ku

gråta

fu mo

smeka

shu tou

kamma

jiao tan

prata

ming bai

förstå

wen

fråga

ting

höra

he

dricka

chi

äta

qing li

städa

ai

älska

zuo fan

laga mat

kai che

köra

fei

flyga

hang xing

segla

ji suan

räkna

du

läsa

xue xi

lära sig

gong zuo

arbeta

jie hun

gifta sig

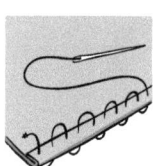

feng

sy

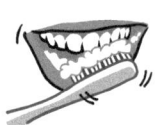

shua ya

borsta tänderna

sha

döda

chou yan

röka

ji

skicka

zu mu
rmor/farmor

zu fu
morfar/farfar

fu qin
pappa

mu qin
mamma

ying tong
baby

nü er
dotter

er zi
son

ke ren

gäst

a yi

moster/faster

shu shu

farbror/morbror

xiong di

bror

jie mei

syster

shen ti

kropp

qian e
panna
yan jing
öga
jian bang
skuldra
shou zhi
finger
lian
ansikte
xia ba
haka
shou
hand
tui
ben
ru fang
bröst
shou bi
arm

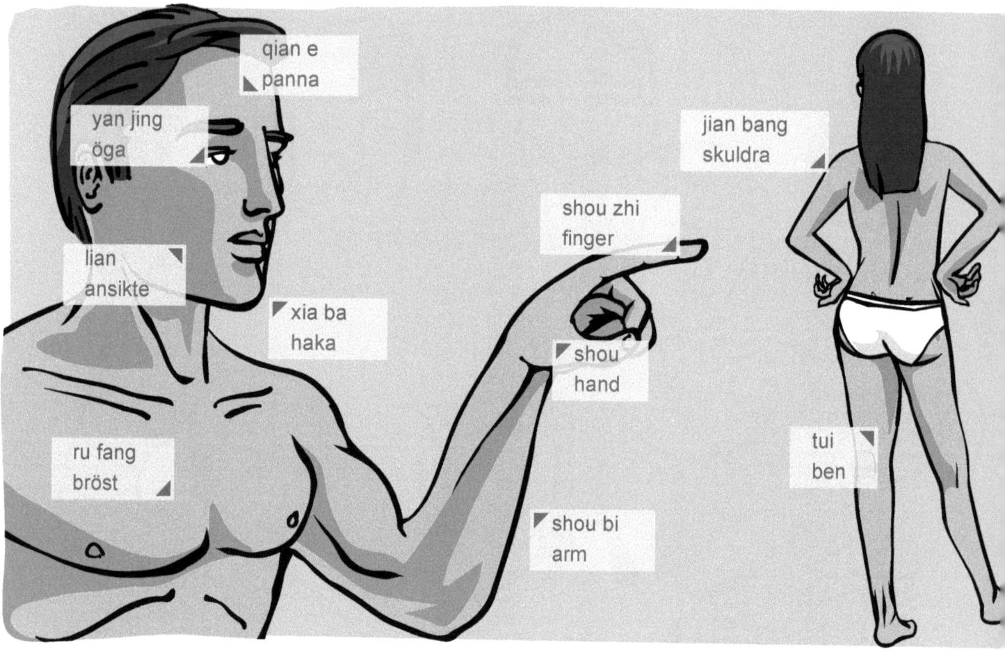

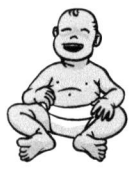

ying tong

baby

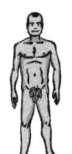

nan ren

man

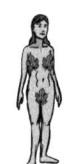

nü ren

kvinna

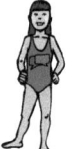

nü hai

flicka

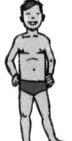

nan hai

pojke

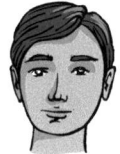

tou

huvud

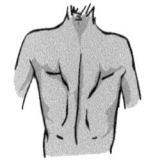

bei bu

rygg

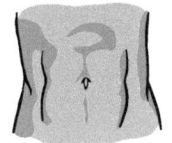

du zi

mage

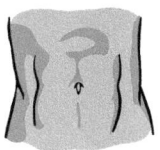

du qi

navel

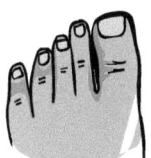

jiao zhi

tå

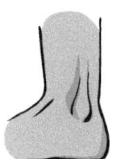

jiao hou gen

häl

gu tou

ben

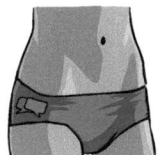

tun bu

höft

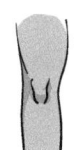

xi gai

knä

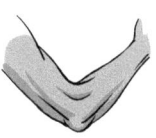

shou zhou

armbåge

bi zi

näsa

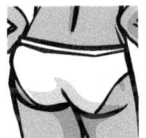

pi gu

stjärt

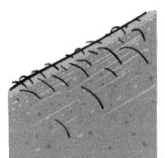

pi fu

hud

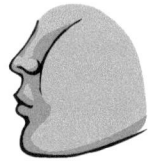

lian jia

kind

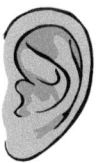

er duo

öra

zui chun

läpp

shen ti - kropp

zui
....
mun

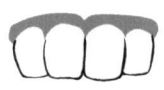

ya chi
....
tand

she tou
....
tunga

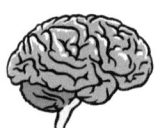

nao
....
hjärna

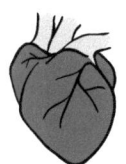

xin zang
....
hjärta

ji rou
....
muskel

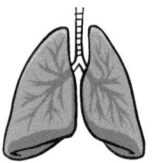

fei
....
lunga

gan zang
....
lever

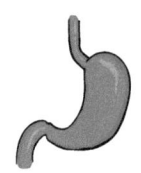

wei
....
magsäck

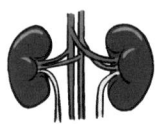

shen zang
....
njurar

xing jiao
....
sex

bi yun tao
....
kondom

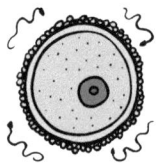

luan zi
....
äggcell

jing zi
....
sperma

huai yun
....
graviditet

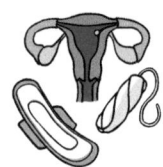

yue jing
menstruation

yin dao
vagina

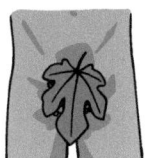

yin jing
penis

mei mao
ögonbryn

tou fa
hår

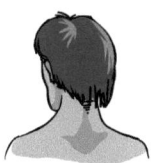

bo zi
nacke

yi yuan

sjukhus

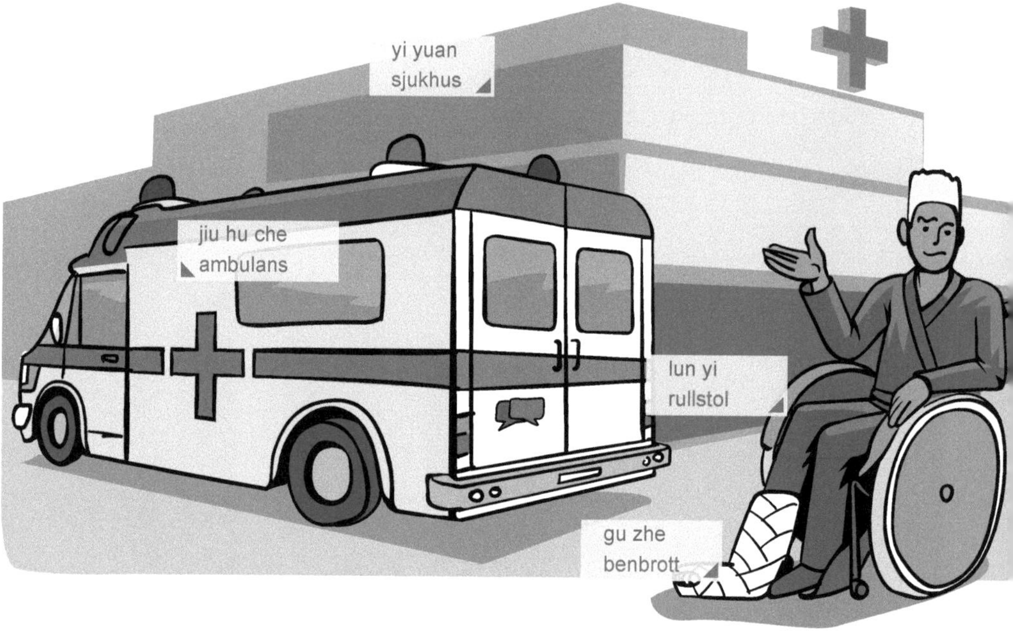

yi yuan
sjukhus
jiu hu che
ambulans
lun yi
rullstol
gu zhe
benbrott

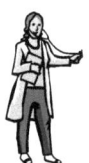

yi sheng

läkare

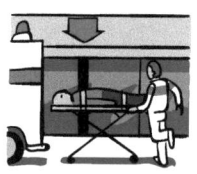

ji zhen shi

akutmottagning

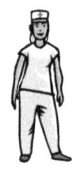

hu shi

sjuksköterska

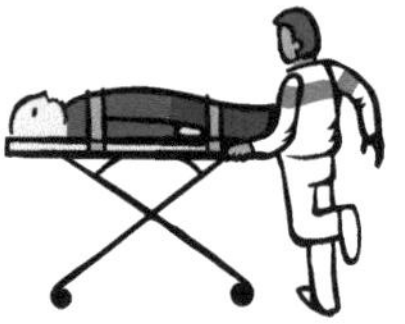

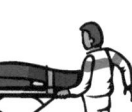

jin ji qing kuang

nödsituation

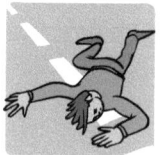

hun mi

medvetslös

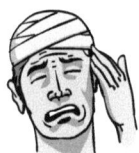

tong

smärta

shou shang

skada

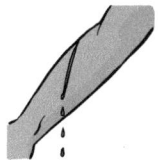

chu xue

blödning

xin zang bing fa zuo

hjärtattack

zhong feng

slaganfall

guo min

allergi

ke sou

hosta

fa shao

feber

liu gan

influensa

fu xie

diarré

tou tong

huvudvärk

ai zheng

cancer

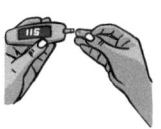

tang niao bing

diabetes

wai ke yi sheng

kirurg

shou shu dao

skalpell

shou shu

operation

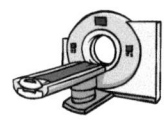

CT

CT

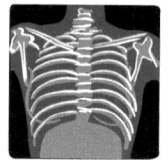

X guang

röntgen

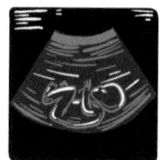

chao sheng bo

ultraljud

kou zhao

ansiktsmask

ji bing

sjukdom

hou zhen shi

väntsal

guai zhang

krycka

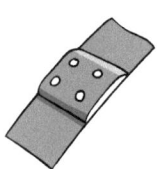

shi gao

plåster

beng dai

bandage

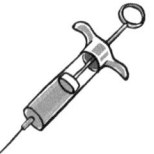

zhu she

injektion

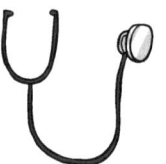

ting zhen qi

stetoskop

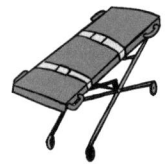

dan jia

bår

ti wen ji

termometer

chu sheng

födsel

chao zhong

övervikt

zhu ting qi

hörapparat

xiao du ye

desinfektionsmedel

gan ran

infektion

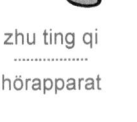

bing du

virus

ai zi bing

HIV / AIDS

yao wu

medicin

jie zhong yi miao

vaccination

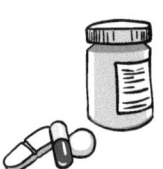

yao pian

tabletter

yao wan

p-piller

ji jiu dian hua

nödsamtal

xue ya ji

blodtrycksmätare

sheng bing/jian kang

sjuk / frisk

jiu ming!

Hjälp!

jing bao

alarm

tu ji

överfall

gong ji

misshandel

wei xian

fara

jin ji chu kou

nödutgång

zhao huo la!

Det brinner!

mie huo qi

brandsläckare

yi wai

olycka

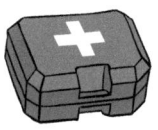

ji jiu xiang

förbandslåda

hu jiu xin hao

SOS

jing cha

polis

ou zhou

Europa

bei mei zhou

Nordamerika

nan mei zhou

Sydamerika

fei zhou

Afrika

ya zhou

Asien

ao zhou

Australien

da xi yang

Atlanten

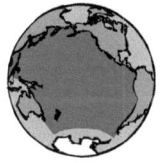

tai ping yang

Stilla Havet

yin du yang

Indiska Oceanen

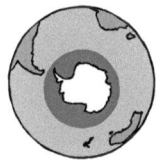

nan bing yang

Antarktiska Oceanen

bei bing yang

Arktiska Oceanen

bei ji

Nordpol

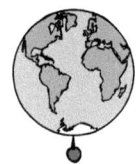

nan ji

Sydpol

nan ji zhou

Antarktis

di qiu

Jorden

lu di

land

hai

hav

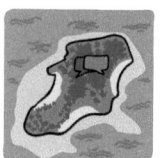

dao

ö

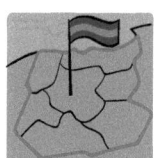

guo jia

nation

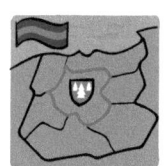

guo jia

stat

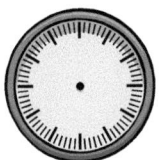

zhong mian

urtavla

shi zhen

timvisare

fen zhen

minutvisare

miao zhen

sekundvisare

xian zai ji dian?

Vad är klockan?

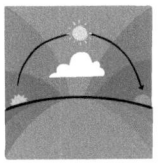

tian

dag

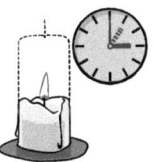

shi jian

tid

xian zai

nu

dian zi biao

digital klocka

fen

minut

shi

timme

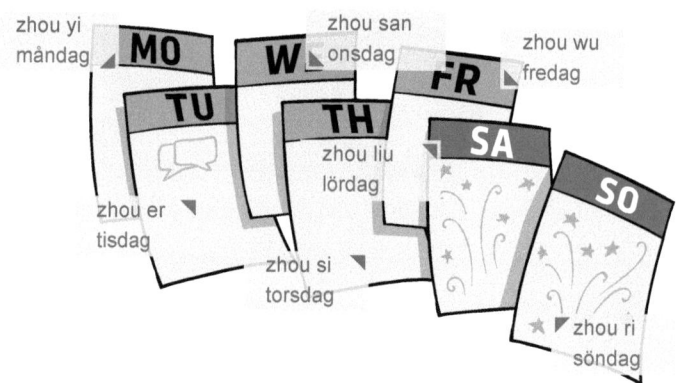

zhou yi
måndag

zhou er
tisdag

zhou san
onsdag

zhou si
torsdag

zhou wu
fredag

zhou liu
lördag

zhou ri
söndag

zuo tian

igår

jin tian

idag

ming tian

imorgon

zao chen

morgon

zhong wu

middag

wan shang

kväll

gong zuo ri

vardagar

zhou mo

helg

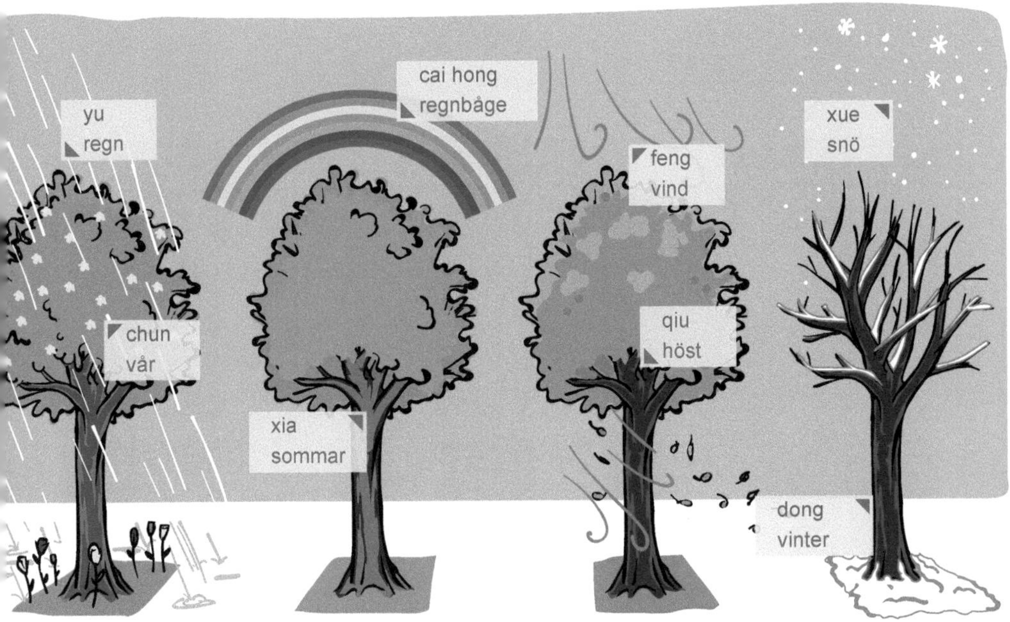

yu
regn
cai hong
regnbåge
feng
vind
xue
snö
chun
vår
xia
sommar
qiu
höst
dong
vinter

4.APRIL 11°
5.APRIL 4°
6.APRIL 13°
7.APRIL 8°
8.APRIL 10°

tian qi yu bao

väderprognos

F
C
120
90
60
30
0
-30
40
30
20
10
0
-10
-20

wen du ji

termometer

yang guang

solsken

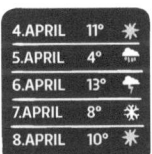

yun

moln

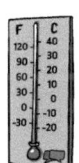

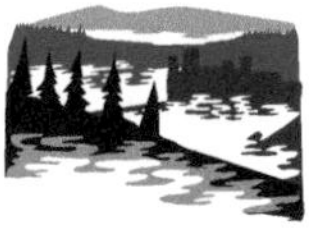

wu

dimma

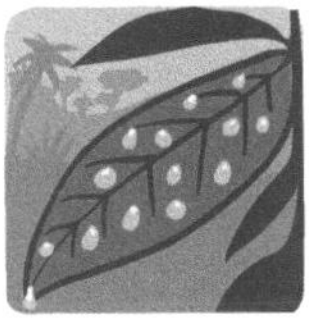

chao shi

luftfuktighet

shan dian

blixt

da lei

åska

feng bao

storm

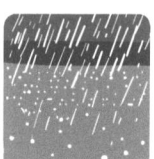

bing bao

hagel

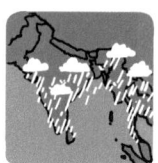

ji feng

monsun

hong shui

översvämning

bing

is

yi yue

januari

er yue

februari

san yue

mars

si yue

april

wu yue

maj

liu yue

juni

qi yue

juli

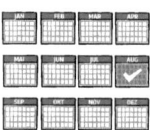

ba yue

augusti

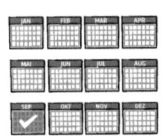

jiu yue

september

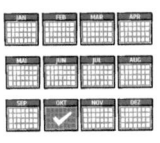

shi yue

oktober

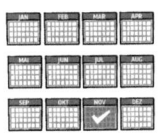

shi yi yue

november

shi er yue

december

xing zhuang
former

yuan xing

cirkel

zheng fang xing

kvadrat

chang fang xing

rektangel

san jiao xing

triangel

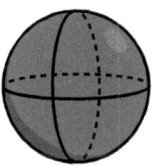

qiu ti

sfär

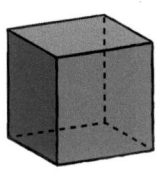

li fang ti

kub

bai
vit

huang
gul

cheng
orange

fen
rosa

hong
röd

zi
lila

lan
blå

lü
grön

zong
brun

hui
grå

hei
svart

hen duo/shao xu
....
mycket / lite

sheng qi/ping jing
....
arg / lugn

mei/chou
....
vacker / ful

shou/wei
....
början / slut

da/xiao
....
stor / liten

ming/an
....
ljus / mörk

xiong di/jie mei
....
bror / syster

gan jing/ang zang
....
ren / smutsig

wan zheng/que shi
....
komplett / ofullständig

bai tian/wan shang
....
dag / natt

si/sheng
....
död / levande

kuan/zhai
....
bred / smal

ke shi yong/fei shi yong

ätlig / oätlig

xie e/shan liang

ond / god

xing fen/wu liao

upphetsad / uttråkad

pang/shou

tjock / smal

di yi/zui hou

först / sist

peng you/di ren

vän / fiende

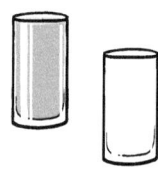

man/kong

full / tom

ying/ruan

hård / mjuk

zhong/qing

tung / lätt

e/ke

hunger / törst

sheng bing/jian kang

sjuk / frisk

fei fa/he fa

olaglig / laglig

cong ming/yu ben

intelligent / dum

zuo/you

vänster / höger

jin/yuan

nära / långt bort

xin/jiu

ny / begagnad

mei you/you xie

inget / något

lao/you

gammal / ung

kai/guan

på / av

da kai/he shang

öppen / stängd

an jing/chao nao

tyst / högljudd

fu/qiong

rik / fattig

dui/cuo

rätt / fel

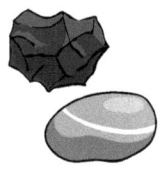

cu cao/guang hua

grov / slät

shang xin/gao xing

ledsen / glad

duan/chang

kort / lång

man/kuai

långsam / snabb

shi/gan

våt / torr

wen nuan/liang shuang

varm / sval

zhan zheng/he ping

krig / fred

0

ling

noll

1

yi

ett

2

er

två

3

san

tre

4

si

fyra

5

wu

fem

6

liu

sex

7

qi

sju

8

ba

åtta

9

jiu

nio

10

shi

tio

11

shi yi

elva

12
shi er

tolv

13
shi san

tretton

14
shi si

fjorton

15
shi wu

femton

16
shi liu

sexton

17
shi qi

sjutton

18
shi ba

arton

19
shi jiu

nitton

20
er shi

tjugo

100
bai

hundra

1.000
qian

tusen

1.000.000
bai wan

miljon

ying yu

engelska

mei shi ying yu

amerikansk engelska

pu tong hua

kinesisk mandarin

yin di yu

hindi

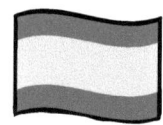

xi ban ya yu

spanska

fa yu

franska

a la bo yu

arabiska

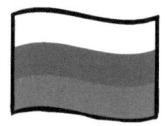

e yu

ryska

pu tao ya yu

portugisiska

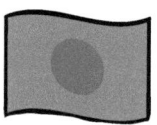

feng jia la yu

bengali

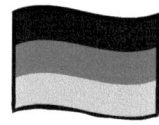

de yu

tyska

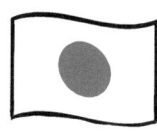

ri yu

japanska

wo

jag

ni

du

ta/ta/ta

han / hon / den (det)

wo men

vi

ni men

ni

ta men

de

shei?

vem?

shen me?

vad?

zen yang?

hur?

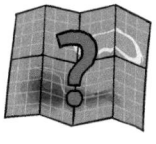

na li?

var?

shen me shi hou?

när?

ming zi

namn

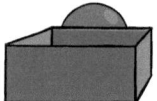

hou mian

bakom

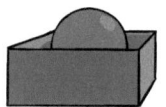

li mian

i

qian mian

framför

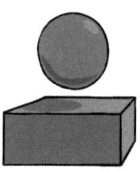

shang fang

över

shang mian

på

xia mian

under

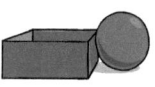

pang bian

bredvid

zhong jian

mellan

di dian

plats